Citas de **INSPIRACIÓN**
y SABIDURÍA *para líderes*

LIDERAZGO 101

por
John C. Maxwell

Peniel

BUENOS AIRES - MIAMI - NEW YORK - SAN JOSÉ

www.editorialpeniel.com

Citas de Inspiración y Sabiduría para Líderes - Liderazgo 101
John Maxwell

Publicado por *Editorial Peniel*
Boedo 25 (1206) Buenos Aires - Argentina
Tel/Fax: (54-11) 4981-6178 / 6034
web site: www.editorialpeniel.com
e-mail: penielar@peniel.com.ar

Publicado originalmente con el título:
Leadership 101 - Inspirational Quotes & Insights for Leaders
by Honor Books.
Tulsa, Oklahoma.

Traducción al Español por: Andrea Francisco de López
Diseño de cubierta e interior: arte@peniel.com.ar
Copyright © 1999 *Editorial Peniel*
ISBN N: 987-9038-33-9
Producto N: 316040

Edición Nº II Año 2001

Impreso en Colombia
Printed in Colombia

Los líderes son lectores. Aún aquellos que no leen mucho, leen sabiamente. Con frecuencia cortan artículos y citas, y los archivan para usarlos más adelante, eso es lo que personalmente he hecho durante casi treinta años.

A través de los años, con frecuencia se me ha pedido que comparta mi colección de citas. Liderazgo 101 es mi intento de cumplir estos pedidos de material, específicamente en el tema del liderazgo. Hace mucho tiempo atrás, aprendí que, si quieres citar como un líder, debes tomar nota como un líder. En este libro encontrarás un gran material, así que... ¡comienza a escribir!

John C. Maxwell

Liderazgo es influencia.

John Maxwell

Esta es mi definición favorita de liderazgo. Es simple, directa, utiliza una palabra que pone el liderazgo al alcance de todos. Todos nosotros podemos ejercer un cierto grado de influencia en alguien, en algún momento y lugar. El liderazgo no es cuestión de títulos, posiciones, ni de organigramas. Tiene que ver con una vida que influencia a otra.

Personalidad es poder.

Booker T. Washington

La primera lección que debemos aprender es que el liderazgo amplio surge de una profunda personalidad. Una infraestructura de gran personalidad es esencial para sostener una gran conducta. La confianza y participación de nuestros seguidores será al nivel de nuestra propia personalidad.

Usa el poder para ayudar a la gente.
Porque se nos ha otorgado poder,
no para avanzar en nuestros
propios propósitos, ni para mostrarnos
ante el mundo o tener un nombre.
Solo existe un propósito para el poder,
y es servir a la gente.

George Bush

George Bush tenía razón. Abusamos del poder cuando lo utilizamos para nuestro provecho personal. Una de las expresiones más utilizadas en los años '90 ha sido "facultar", que simplemente significa dar poder a otro. Eso es lo que la gente anhela que hagan sus líderes. Jesús refleja esta verdad en el evangelio de San Mateo 20:26: *"...el que quiera hacerse grande entre vosotros será vuestro servidor"*.

El fracaso puede dividirse
entre aquellos que pensaron
y nunca hicieron, y aquellos que
hicieron y nunca pensaron.

Reverendo W. A. Nance

U na vez alguien me dijo que el mundo tiene dos tipos de personas: los pensantes y los actuantes. Se dice que "Los pensantes necesitan hacer más, y los que hacen necesitan pensar más". Siempre he tratado de hacer ambas cosas: reflexionar y actuar. Cuando he combinado las dos, he disminuido significativamente las posibilidades de fracaso.

Los líderes deben estar
lo suficientemente cerca para
relacionarse con su gente, pero
lo suficientemente lejos delante
de ellos para motivarlos.

John Maxwell

Siempre he creído este principio. Hermosamente combina la necesidad tanto de relación como de visión. Debo vivir con la gente para entenderla y ganar su confianza. Sin embargo, si eso es todo lo que hago, solo soy su "camarada". Para ser un líder, debo vivir con Dios y moverme con Él más allá de donde la gente esté. Si ellos han de seguirme, debo ir delante de ellos.

Liderazgo es la capacidad de
transformar la visión en realidad.

Warren G. Bennis

La mayoría de nosotros aprendemos duramente que el liderazgo no es meramente tener una visión. Cualquiera puede soñar. El liderazgo efectivo es saber cómo determinar los pasos a seguir, para que la visión pueda realizarse. Esto requiere que seamos prácticos y revisemos el proceso sobre la marcha.

Uno maneja las cosas,

pero lidera gente.

Grace Murray Hopper
Almirante Naval de los EE.UU.

D ebo haber puesto en práctica este principio por lo menos cien veces durante mis años como pastor. A la gente no le gusta ser manejada, organizada, estereotipada, etiquetada o alineada. Eso es lo que uno hace con las cosas en la oficina. La gente es dinámica y debe ser liderada a través de relaciones y, sobre todo, del amor.

Un hombre debe ser
suficientemente grande
como para admitir sus errores,
suficientemente inteligente
como para aprovecharlos
y suficientemente fuerte para
corregirlos.

Uno de los requisitos menos comentados para el liderazgo es un fuerte sentido de seguridad personal. Sin él, estoy saboteando a mi organización y me daño a mí mismo. Con él, puedo manejar los errores en perspectiva, y tener la capacidad de admitirlos, aprovecharlos y corregirlos.

No conozco la clave del éxito,

pero la del fracaso es esta:

intentar complacer a todos.

Bill Cosby

U na de las debilidades de muchos líderes de hoy es medirse por medio de encuestas. Sucede en la política y en las iglesias. Un líder debe ir más allá del deseo de agradar a la gente, para llegar a agradar a Dios. Si nuestra necesidad de aprobación de parte de la gente supera nuestra necesidad de afirmación de parte de Dios, estamos en problemas. El liderazgo implica, algunas veces, hacer algo que no es agradable a todos.

Serás la misma persona hoy
que dentro de cinco años,
excepto por dos cosas:
la gente con que te vas a asociar y
los libros que vas a leer.

Charles "Tremendo" Jones

L eí esta frase de Charlie Jones hace algunos años, y me convencí aún más de su veracidad al pasar el tiempo. Si nos proponemos ser grandes, debemos determinarnos a exponernos a grandes libros y a grandes personas. Su información influenciará nuestro crecimiento más que ninguna otra cosa. Elige ambas cosas sabiamente.

No importa de qué tamaño
sea la botella. La crema
siempre estará arriba.

Charles Wilson
Presidente, GE

C omo pastor en el oeste, pronto aprendí que la gente es como la fresca leche de vaca. Al principio todas se ven iguales, pero eventualmente, la crema sube hasta la superficie. En forma similar, descubrirás con el tiempo que los "movilizadores y motivadores" subirán naturalmente a la superficie. Simplemente mira y espera.

Un barco está a salvo en el muelle,
pero no fue para eso que
los barcos fueron construidos.

Muchos hemos visto esta ilustración en una placa o póster en algún lugar. ¡Cuánto nos ayuda a recordar que la seguridad, la estabilidad y la supervivencia no son metas significativas para nuestras vidas! Si llegaremos a alguna parte, tendremos que arriesgarnos, aventurándonos a lo desconocido. La vida tiene que ver con la aventura, no con el mantenimiento.

Puedes tener ideas brillantes,
pero si no son realizables,
no te llevarán a ninguna parte.

Lce Iacocca

D escubrí esta verdad al observar a mi equipo de colaboradores cuando trataban de mostrar la visión a la gente en sus departamentos. Las ideas por sí solas no pueden sostener a un grupo de personas. Solo podemos movernos para alcanzar una meta cuando la visión es mostrada en forma clara, creativa y consistente.

Preguntar: "¿quién tiene que ser el jefe?"
es como preguntar "¿quién tiene
que ser tenor del cuarteto?"
Obviamente, el que pueda cantar tenor.

Henry Ford

Me encanta la lógica simple y sin pretensiones de Henry Ford. Cruza la línea roja de la política humana, y da a entender que el liderazgo no es un tema de puesto o título, sino de habilidad. La pregunta apropiada es: "¿quién puede hacer el trabajo?"

Nunca nada grande
fue concebido sin entusiasmo.

Ralph Waldo Emerson

Soy un fanático de la actitud. Creo firmemente que una actitud entusiasta ubica al líder por encima de sus pares, abre su mente a la creatividad y provee motivación para con su gente. La raíz de "entusiasmo" proviene de dos palabras: "en" y "Teos", que significan: "Dios adentro". Si Dios vive dentro de nosotros, ¡tenemos que ser entusiastas!

El mejor ejecutivo es el que
tiene el suficiente buen sentido para
elegir buenas personas para hacer
lo que quiere que se haga,
y puede abstenerse lo suficiente
de involucrarse con ellas
mientras lo hacen.

Theodore Roosevelt

Siempre he tratado de liderar a mi gente así: selecciono y asigno un salario a mi equipo basándome en la habilidad y productividad. Cuando pongo a un líder en un puesto que encaja con sus habilidades, esto se refleja en la calidad total de su trabajo. Luego los dejo para que puedan alcanzar las metas que hemos establecido de la manera que ellos elijan. No me interesa tanto ver de qué manera llegan a la meta, mientras que la alcancen.

El factor más importante que
determina el clima de una
organización es el ejecutivo en jefe.

Charles Galloway

Todo se edifica y recae en el liderazgo. Una vez que un líder ha dirigido una organización (o una iglesia) por dos años o más, la personalidad, el ambiente y los problemas de esa organización son un resultado de su liderazgo. Cuando uno lo ve a él, ve la organización.

Uno debe vivir con la gente
para conocer sus problemas,
y vivir con Dios para
poder resolverlos.

P. T. Forsyth

Dos ingredientes muy importantes para un líder están combinados en esta verdad. El líder es llamado a ponerse en la brecha entre la gente y Dios. Debemos estar lo suficientemente cerca de la gente para representarla (sus necesidades y luchas) ante Dios. Al mismo tiempo, debemos estar lo suficientemente cerca de Dios para representarlo (sus respuestas y dirección) ante el pueblo. Esta es una equilibrada clave.

En un reportaje, a Tom Watson -de IBM- se le preguntó si iba a despedir a un empleado que había cometido un error que le costó a IBM $600.000. Dijo: "No, acabo de gastar $600.000 entrenándolo. ¿Por qué querría que alguien más contratara su experiencia?"

La respuesta de Tom Watson proporciona visión a líderes que son tentados a dejar ir a un miembro del equipo después de un error o fracaso. Si su error no fue inmoral o fundamentalmente dañino para la dirección de la organización, podemos mantenerlo. ¿Por qué no verlo como una experiencia de aprendizaje, y considerarla una inversión para el futuro?

Fracasar es la oportunidad
de comenzar de nuevo,
más inteligentemente.

Henry Ford

Una vez más, me produce un impacto la simplicidad de Henry Ford. El fracaso para él nunca fue terminal ni fatal. Al igual que Tomas Edison, esperó fracasos en el camino al éxito. Todo era parte del proceso de aprendizaje. Permitió al fracaso ser su tutor, luego continuó por la senda mucho más inteligente y mucho más sabio.

Muéstrame un hombre
completamente satisfecho,
y te mostrare un fracaso.

Tomas Edison

Encuentro terriblemente difícil de entender a una persona tan satisfecha con sus presentes logros que no tenga deseos de arriesgarse a intentar algo nuevo. No hay nada malo en alegrarse espiritualmente con nuestras posesiones y recursos, pero todos deberíamos llevarnos a la tumba una santa insatisfacción de nuestros logros.

No daré trabajo a un hombre
que no tenga la capacidad de
convertirse en mi socio.

J. C. Penney

He oído muchas mujeres solteras decir que ellas no hacen una cita con un hombre quien no sea un potencial compañero para el matrimonio. No quieren desperdiciar su tiempo con improductivos enredos emocionales. J. C. Penney miraba a sus empleados de la misma manera. Buscaba la primera habilidad en todos ellos –la capacidad de ascender en la organización–. Si es necesario, ¡es sabio crear una posición para esa clase de gente cuando los encuentre!

Aquí descansa un hombre quien
supo cómo conseguir la colaboración
de mejores hombres que él mismo.

Andrew Carnegie's Tombstone

Me siento atraído por la humildad de Carnegie, también por su talento. No trató de hacerlo o poseerlo todo. Una vez dijo: "Debo cualquier éxito que he realizado, en general, a la habilidad de rodearme de personas quienes son más inteligentes que yo". Él conocía sus propias limitaciones, pero esto sólo lo impulsó a buscar socios que no las tuvieran.

La suerte es el resultado del diseño.

Branch Rickey

La gente habla mucho de la buena suerte y la mala suerte. Pero yo creo que Branch Rickey tenía razón. Muy pocos resultados en este mundo de causa y efecto son debidos a la suerte. Alguien ha dicho: "Buena suerte es lo que sucede cuando la oportunidad se encuentra con la situación preparada."

Toda gloria proviene
de la osadía de comenzar.

Eugene F. Ware

Comenzar una tarea es usualmente el paso más difícil. En realidad, el viaje de mil kilómetros comienza con el primer paso, pero he encontrado que dar ese paso mantiene a mucha gente detenida. El temor de intentar algo grande los inmoviliza. Por eso comenzar es la mitad de la batalla, y toda la gloria proviene de la osadía de comenzar.

No gaste el tiempo de $1.00
en una decisión de $0.10.

Siempre trato de invertir la cantidad apropiada de tiempo y de energía mental en cada decisión que tomo. Visualice una escala: en un lado está el peso de cuánto costará la decisión; en el otro, cuánto será el beneficio. Equilibre el beneficio potencial de cada decisión con su costo real.

Nada otorga tanta ventaja
como permanecer frío y sereno,
en toda circunstancia.

Thomas Jefferson

El aplomo viene por la madurez. Cuando lo alcanzamos y podemos mantenerlo, aún bajo presión, tendremos una decisiva ventaja sobre otros. Llenarse de pánico usualmente tiene un efecto negativo sobre una situación, pero mantenerse calmo y frío nos ayuda a pensar y actuar más inteligentemente. Procura nunca tener pánico.

El momento en que dejas
de aprender, dejas de liderar.

Rick Warren

Los líderes son aprendices. Una vez que una persona siente que conoce a fondo todas las respuestas, deja de ser enseñado y pronto dejará de liderar. Sus pensamientos y métodos se volverán anticuados, y eventualmente decadentes. Los buenos líderes están hambrientos por aprender toda la vida, hasta la sepultura.

Una persona que es exitosa
simplemente ha formado el hábito
de hacer cosas que la gente
sin éxito no haría.

Cualquiera sea el campo de negocios que haya elegido, el éxito lo seguirá si usted consistentemente realiza las cosas y proporciona los servicios que otros rehusan hacer y fallan en proporcionar. Esto hace a un liderazgo sobresaliente y crea una demanda para usted y para lo que hace.

No puede construir una reputación
sobre lo que está por hacer.

Henry Ford

Nuestra reputación es obviamente construida sobre el historial, no sobre nuestras intenciones. Al viajar, me encuentro con pastores y hombres de negocios de todas partes. Muchos de ellos conocen los principios, hablan el lenguaje correcto y trazan los planes apropiados. Desdichadamente, toma más que esto construir un negocio próspero o una iglesia dinámica. El éxito se relaciona con lo que hemos producido, no con lo que hemos planeado.

Si quiere prosperar, debería
emprender el rumbo sobre
nuevos caminos antes que
transitar los caminos gastados
del éxito aceptado.

John D. Rockefeller, Jr.

Encuentro sorprendente que los niveles de competencia olímpica de principios del siglo XX, sean ahora los niveles en que compiten los atletas de las escuelas secundarias. ¿Por qué sucede esto? Durante los últimos cien años, los deportistas han descubierto invariablemente nuevas formas de correr más rápido, saltar más alto y arrojar más lejos. El éxito, por tanto, no significa meramente hacer lo que hicieron los campeones del pasado, sino ser pioneros de nuevos métodos.

Usted no puede forzar a nadie
a subir una escalera,
a menos que la persona
desee escalar un poco.

Andrew Carnegie

Ninguno puede tener éxito por usted. El éxito no es un regalo para ser dado así nomás. Créame, con algunos de mi equipo, he tratado muchas veces de darles un empujón para ayudarlos a llegar más lejos de donde podrían haber llegado solos. Unos respondieron y enfrentaron el desafío. Otros, a pesar de mi optimismo, no pudieron o no quisieron escalar un peldaño de la escalera.

La gente apoya
lo que ayuda a crear.

Estoy convencido que el camino más seguro para establecer un sentido de pertenencia entre los de su área, es involucrarlos a lo largo de todo el camino, en el proceso creativo. Usted puede alcanzar la meta más rápidamente por su propia cuenta, pero cuando llegue allí estará solo. Vaya más despacio y permita que su gente lo acompañe.

Lo que se aprende después
de saberlo todo es lo que vale.

John Wooden

John Wooden sabe lo que dice. Es un entrenador que fácilmente podría haber asumido que lo sabía todo. No obstante, es en este punto donde las grandes lecciones y los más profundos descubrimientos son hallados. Alguien dijo una vez: "Solamente aprendemos lo que ya conocemos". Cuando superamos el entendimiento superficial de una idea o concepto es cuando realmente asimilamos la verdad.

Un buen líder es quien puede pisar
tus zapatos sin estropear el brillo.

He visto trabajar a muchos de los mejores pastores y ejecutivos de negocios del país. Todos parecen tener la sutil habilidad de hablar la verdad, de exponer los imperativos y de comunicar las órdenes de marcha a su gente. Al mismo tiempo, lo hacen con tal calidez y entendimiento, con tal humor y sensibilidad que nadie se siente forzado. En realidad disfrutan la experiencia y sienten que son mejores por ello.

Si somos lo que repetidamente
hacemos, entonces la excelencia
no es un acto, sino un hábito.

Aristóteles

El éxito no es un evento. Es un proceso continuo en el que nos vemos envueltos, vez tras vez. Aristóteles dice esto en sentido profundo. Cualquiera puede tener éxito una o dos veces, como también cualquiera puede fracasar o perder una o dos batallas a lo largo del camino. Por eso debemos enfocarnos en el hábito de la excelencia, y practicarla repetidamente, día tras día.

Las águilas no vuelan en bandadas,
debes encontrarlas una a la vez.

H. Ross Perot

Probablemente usted también haya notado esto. Contrariamente a muchas aves, las águilas no vuelan en bandadas. Simplemente no encajan en un grupo. No se conforman a las actividades de las de su propia especie. Por ello no las encuentras en enormes grupos. Vuelan solas, adelante y más alto que las otras aves. Los líderes son como las águilas.

Un hombre que debe
ser convencido a actuar
antes de que actúe,
no es un hombre de acción.

Georges Clemenceau

Fácilmente puedo perder la paciencia con gente a quien continuamente debo persuadir antes de que hagan un movimiento. La gente de acción no necesita ser animada cada vez que su organización necesita tomar un riesgo. No estoy sugiriendo que no planeemos, pero los hombres de acción a menudo abrazan el método que Tom Peters hizo popular: "Preparado, apunten, fuego".

Sé un líder de calidad.
Algunos no están acostumbrados
a un ambiente donde se
espera excelencia.

Stephen Jobs

Stephen Jobs, el joven fundador de Apple Computers, entendió muy bien lo que demanda preparar gente para la excelencia. Percibió que la mayoría (por naturaleza) no persigue la excelencia. Al iniciar una nueva corporación, se dio cuenta de que tenía la oportunidad de fijar ese estándar desde el principio mismo. Además, entendió que esto solo ocurriría si se convertía en ejemplo de la calidad que deseaba. Debía ser un líder de excelencia.

Quien quiera dirigir la orquesta
debe dar la espalda a la multitud.

Esta pequeña figura literaria está impregnada de significado. Si un hombre quiere dirigir una orquesta, debe hacer primero una decisión solitaria. No puede andar al paso de la multitud, ni hacer caso a todas las críticas. Debe permanecer enfocado, y estar dispuesto a quedarse solo. Debe entregarse al equipo que coopera con él, no a las masas que lo miran. Finalmente, si aún anhela el aplauso de la multitud, tiene su motivación equivocada. La meta debe ser dirigir la orquesta con excelencia. El aplauso es un derivado.

Endurecer el pensamiento es
el presagio del fracaso...
asegúrese de estar siempre
receptivo a nuevas ideas.

George Crane

No tengo que recordarles que vivimos en un mundo que cambia a pasos acelerados. Nos reímos ante el hecho de que la Oficina de Patentamiento de EE.UU. casi cierra hacia el fin del siglo XIX, porque muchos creyeron que nada nuevo podría ser inventado. Aquellos que hoy lideran deben estar abiertos no solo al cambio, sino a nuevos paradigmas, "formas completamente nuevas de mirar los hechos establecidos". Fueron los suizos quienes inventaron el reloj digital de pulsera, pero porque sus propios fabricantes de relojes no se abrieron a nuevas ideas, los japoneses lo han capitalizado desde entonces.

Está bien prestar una mano de ayuda; el desafío es conseguir que la gente la suelte.

Cuando algo es ofrecido gratuitamente, por bastante tiempo, está en la naturaleza humana hacerse dependiente de eso. La gente se halla cómoda con la ayuda, y pronto creen que no pueden vivir sin ella. Un buen liderazgo permite a la gente ponerse en marcha, y les provee los recursos necesarios, pero el fin es enseñarles cómo ser ingeniosos por sí mismos.

Ser poderoso es como ser
una dama. Si tienes que
decirle a la gente que lo eres,
entonces no lo eres.

Margaret Thatcher

Amo esta cita de Margaret Thatcher, de Inglaterra. Cuando nuestro liderazgo no es lo suficientemente obvio para aquellos que nos rodean y requiere una explicación, estamos en peligro de perderlo. Si continuamente debes recordarle a tu gente que estás en el mando, probablemente algún otro está asumiendo ese rol. El liderazgo debería parecer natural y ser evidente para todos.

Le recomiendo que tenga
cuidado de los minutos,
porque las horas se
cuidarán por sí mismas.

Lord Chesterfield

Algunas veces el árbol no nos deja ver el bosque, y otras veces, el bosque no nos deja ver el árbol. Cuando sólo vemos "la figura general", y no nos ocupamos de que los "detalles" también sean manejados en forma apropiada, podemos llegar a no lograr las metas "generales". Si cuidamos de las cosas pequeñas, podemos construir sobre esa base, y finalmente las cosas más grandes ocuparán su lugar.

Una importante
pregunta para los líderes:
"¿Estoy formando gente, o
estoy edificando mi sueño
y usando a la gente
para realizarlo?"

John Maxwell

Años atrás, Jack Hayford me enseñó algo cuando dijo: "Nuestra meta no es lograr una gran iglesia, sino formar grandes personas". Si invertimos en la gente y las desarrollamos en discípulos motivados a misionar, veremos nuestro sueño realizado. La gente descubre rápidamente si los estamos formando o usando.

Aprenda a decir
"no" a lo bueno,
entonces podrá decir
"sí" a lo mejor.

E ste es el campo de batalla en el que debo luchar más a menudo. Puedo distinguir fácilmente entre el bien y el mal. Pero con mi disposición, que desea hacer todo, lograr todo y decir que sí a todo, necesito responsabilidad para elegir entre lo bueno y lo mejor. Tengo un "comité" que me ayuda a decir "no" a las cosas buenas que encuentro a lo largo de mi camino, para decir "sí" a lo excelente.

Los líderes sobresalientes apelan
al corazón de sus seguidores,
no a sus mentes.

Si reflexiona sobre los más renombrados líderes en la historia norteamericana, encontrará hombres capaces de conquistar los corazones de la gente: Lincoln, Roosevelt, Kennedy, Reagan. No es con respecto a partidismo. Es respecto a la habilidad de fundir una visión, de enfatizar, de encender esperanza, de hablar al corazón. No es que estos líderes no usaban la lógica; solo viajaron más allá de la lógica para ganar los corazones de su audiencia.

Ningún hombre será un
gran líder si quiere hacer todo
por sí mismo u obtener todo
el crédito por hacerlo.

Andrew Carnegie

El liderazgo no puede ser el *show* de un solo hombre. Si no poseo la humildad, el deseo de elogiar a otros y darles crédito por sus éxitos, seré severamente obstaculizado en mi liderazgo. Si mi ego es tan grande que insisto en buscar el aplauso, la atención y la afirmación, potenciales colaboradores me dejarán solo, y terminaré con lo que solo una persona puede llevar a cabo.

Liderazgo no es
empuñar autoridad,
es potencializar a la gente.

C uando alcanzan la cima, demasiados líderes cometen el error de pensar que pueden usar su posición y poder para forzar algunos comportamientos de parte de sus subordinados. Todos hemos esbozado la declaración: "Si yo estuviese a cargo las cosas serían diferentes...". El liderazgo no tiene que ver con una ostentación de poder, sino con otorgar poder a la gente que está bajo su cargo. Tiene que ver con facilitarles las herramientas que necesitan para realizar el trabajo.

Toda gran institución es
la extensión de la sombra
de un solo hombre.
Su personalidad determina
el carácter de la organización.

Ralph Waldo Emerson

Toda organización refleja a su líder. No existiría una organización compasiva llamada "El Ejército de Salvación", si no fuese por William Booth. No hubiese habido un Avivamiento Metodista de no haber sido por John Wesley. El movimiento misionero moderno no existiría sin William Carey. Dios no busca masas, ni siquiera comités, cuando quiere hacer algo. Busca un líder.

El liderazgo más efectivo
es por ejemplo, no por edicto.

Las personas aprendemos casi el 90% por lo que vemos. Otro 9% de nuestro aprendizaje es por lo que escuchamos. Sólo el 1% es a través de los otros sentidos. Esto solo nos explica por qué el liderazgo efectivo es, más demostrado que enseñado. La gente necesita "ver" un sermón más que escucharlo, para realmente captarlo. La credibilidad de un líder y su derecho a ser seguido están basados más en su vida que en sus labios.

La ley de Whistler: uno
nunca sabe quién tiene razón,
pero siempre sabe
quién está al mando.

He esbozado una sonrisa ante la verdad de esta "ley" más de una vez. Hay veces cuando es difícil determinar quién tiene razón. De hecho, puede ser un tema de opinión subjetiva en algunos casos; de todas formas, determinar quién está a cargo no es tan difícil; solo observa a la gente. Cuando una decisión necesita ser tomada, ¿a quién miran? ¿En quién confían? Esa es la persona que tiene el liderazgo.

La persona más triste del mundo
es aquella que tiene vista,
pero no visión.

Hellen Keller

E sta es mi cita favorita expresada por Hellen Keller, una mujer que fue ciega y sorda toda su vida. Ella dijo esto en respuesta a la pregunta: "¿Qué puede ser peor que nacer sin la vista?" La visión es indispensable para cualquiera que quiera tener éxito. Es el proyecto interno de todo líder, antes de que se pueda ver el plano externo.

Si un hombre desconoce
qué puerto es el que busca,
cualquier viento puede
ser el adecuado.

Séneca

E sta cita de Séneca es indicativa de cómo mucha gente vive su vida. Sin saber qué dirección a largo plazo es la que están tomando, rebotan alrededor como una bola dentro de un juego electrónico. Viven sus vidas reaccionando por lo que les ocurre, en lugar de vivir activamente basados en los valores que tienen. Viven sus vidas "por accidente " en lugar de "a propósito".

Es solo cuando desarrollamos
a otros que tenemos éxito
permanentemente.

Harvey S. Firestone

En otras palabras, la meta de un líder es dejar un "legado". Quiere dejar algo permanente después de morir. Desea haber mejorado las vidas de las personas en algún rincón del mundo, o aún mejor, verlos comprometidos en una causa que importe. Esto no necesariamente significa fama o dinero. Es simplemente gente que continúa en una misión porque el líder los ha desarrollado.

El elogio más elevado
que los líderes pueden recibir,
es el otorgado por los que
trabajan para ellos.

Para mí, el éxito es ser respetado por aquellos que están más cerca. Quiero demostrar integridad a aquellos que ven mis defectos y arrugas. Quiero tener la admiración de mi familia y mis colegas, la gente que me ve día a día. Es fácil ser honrado y estimado por aquellos que están lejos y a los cuales se ve poco. Yo quiero ser un héroe en casa.

No son las personas que despides
las que hacen desgraciada tu vida.
Son las que no despides.

Harvey Mackay

He quedado fascinado con las palabras que Jesús habló en el evangelio de Juan capítulo 15. Específicamente, donde habla de podar la viña para que las ramas continúen su crecimiento. Yo me he encontrado con varios líderes y pastores que temen "podar" cuando se trata de su equipo. Piensan que no es muy "cristiano". Todo lo contrario, el concepto no es sólo bíblico, sino que si no lo ponemos en práctica en nuestras organizaciones, lo sufriremos.

Hoy un lector.
Mañana un líder.

W. Fusselman

U no de los principios que siempre he tratado de practicar es estar bien informado. Creo que toda reunión a la que entre sin la preparación de buena información, es una en la que no puedo asumir fácilmente mi rol de liderazgo. El saber es poder. Como líder, debo saber más sobre las opciones frente a nosotros, que mis juntas y comités. La lectura fortalece mi liderazgo.

La esencia del liderazgo es
la visión que uno presenta clara y
fuertemente en toda ocasión.
Uno no puede hacer sonar una
trompeta incierta.

Theodore Hesburgh

N unca voy a olvidar cuando escuche la "visión" de la compañía Pepsi hace algunos años: "El sabor de Pepsi-Cola en los labios de todos en el mundo". Qué enorme, sobrecogedora visión –y aún qué precisa, mensurable y dirigida que era–. Todos en la compañía la sabían y estaban mentalizado para lograrla. Nuestra visión debe ser escuchada hasta que nuestra gente pueda abrazarla.

El desarrollo del liderazgo
es una travesía de toda una vida,
no un viaje fugaz.

John Maxwell

Creo esto más que antes. Hace aproximadamente quince años, pensé que tenía la manija en el liderazgo. Sin duda, yo entendía algunos principios significativos de liderazgo. Pero cuanto más crecí, reconocí que mi propio desarrollo en el liderazgo tomaría toda la vida. No es algo que podamos adquirir en una conferencia de fin de semana. Debemos dedicar nuestras vidas a ello.

El test del liderazgo:
Mire hacia atrás y vea si hay
alguien que lo sigue.

E ste es el test crucial del liderazgo. Si usted quiere evaluar su propio liderazgo, mire a la gente que lidera. ¿Lo sigue alguien? ¿Qué tipo de gente usted atrae? ¿Su visión involucra a las personas? ¿Están comprometidos con la visión? Esta es una serie de preguntas simples que todo líder debería hacerse a sí mismo.

Si paga con maníes,
no espere tener más que monos.

Creo en tener un equipo de trabajo "pequeño y modesto" más que en uno "numeroso y descarado". A medida que crecía la última iglesia en la que trabajé, pudimos continuar adelante sin agregar más personal durante un tiempo bastante largo. ¿Cómo lo logramos? Yo le pagaba bien a mi equipo, y ellos se esforzaban al máximo. Dado que yo les pagaba bien, pude mantener un grupo básico fuerte y, a medida que crecimos, fueron asumiendo múltiples responsabilidades. Pero no trabajaban por unas monedas.

Es maravilloso cuando
la gente cree en su líder,
¡pero más maravilloso es cuando
el líder cree en su gente!

Es difícil decir cuál debe ir primero, si el líder que cree en su gente o viceversa. De todos modos, sé esto: "Si un líder comienza a creer en su gente, es sólo cuestión de tiempo antes que ambas cosas ocurran". El paso fundamental que un líder debe tomar es creer en su gente y comunicárselo. Nunca se conforme con meramente impresionarlos.

Si un líder demuestra capacidad,
interés genuino por otros y
una personalidad admirable,
la gente lo seguirá.

T. Richard Chase

Richard Chase destila los componentes básicos que los seguidores buscan en un líder. ¿Son competentes? ¿Realmente les interesa la gente? ¿Poseen una personalidad fuerte? Todo lo demás es extra. Los seguidores pueden soportar un amplio espectro de diferencias en sus líderes, pero estos tres elementos no son negociables.

No hay seguridad en esta Tierra,
sólo oportunidad.

Creo que escuché por primera vez esta expresión de un general de la segunda Guerra Mundial. Este mundo en el que vivimos no ofrece ninguna seguridad duradera. No puede. Lo que sí ofrece son caminos, desafíos y muchas oportunidades. Nuestra seguridad puede encontrarse únicamente en nuestra obediencia al llamado de Dios sobre nuestras vidas.

Mi responsabilidad
es ser un supervisor, no
un súper trabajador.

Fred Smith

En ocasiones, cuando experimentamos crecimiento en nuestras organizaciones, nos olvidamos que nuestro rol como líder debe evolucionar también. Cuanto más crezca nuestra organización, menos podremos hacer por nosotros mismos. Debemos dedicarnos a la supervisión, o estaremos sobrecargados. Y al mismo tiempo que modelamos nuestro trabajo, la tarea es potencializar a otros para trabajar.

Visión es el arte
de ver cosas invisibles.

Jonathan Swift

Una de mis historias favoritas sobre poseer visión es la de Walt Disney. Debido a que Walt falleció antes de la gran apertura del "Walt Disney World", se le pidió a su esposa que estuviera en el escenario en la ceremonia de apertura. Al ser presentada para saludar a la multitud, el maestro de ceremonias le dijo: "Señora Disney, ¡yo sólo desearía que Walt hubiese podido ver esto!" La Señora Disney simplemente respondió: "Él lo vio!"

Paga ahora, juega después.

Juega ahora, paga después.

John Maxwell

Aprendí esta simple verdad de mi papá. Me ha ayudado a descartar la noción de gratificación inmediata ciento de veces a través de los años. Si yo escojo pagar el precio por mis sueños ahora, voy a disfrutar las recompensas de esos sueños más adelante. Pero, si escojo jugar ahora, tal vez no tenga la oportunidad para la recompensa más adelante. Estaré muy ocupado pagando el precio.

Fallar en prepararse
es prepararse para fallar.

Mike Murdock

¡Oh, he comprobado que esto es verdad! Quiero estar preparado para toda eventualidad que enfrente. Por eso leo, escucho cintas y estudio. Es por eso que dialogo con mi equipo. Quiero reducir "el factor sorpresa" tanto como sea posible. La vida misma presenta suficientes sorpresas, aún para los preparados a fondo. Cuando fallo en prepararme en un área, me preparo para fracasar potencialmente en otras áreas también.

Un gran hombre está siempre
dispuesto a ser pequeño.

Ralph Waldo Emerson

Las grandes personas le dan poca importancia a la fama o notoriedad; están ocupados con la productividad, no con la imagen. No sienten la necesidad de proyectar su valor propio a nadie. Se contentan cuando la ocasión los llama para que sean pequeños, comunes, cotidianos, mientras que la meta se alcance.

Como regla en la vida:
quien tenga la mayor información,
tendrá el mayor éxito.

Disraeli

Todos hemos escuchado esto antes: "El saber es poder". Porque hay una indudable verdad en este axioma. Consumo tanta información como me sea posible, en una variedad de temas relevantes para mí y mi trabajo. He notado que el éxito sigue a la persona que trae algo a la mesa cuando la reunión comienza; son los que están bien leídos y preparados. Nunca aparecen como ignorantes en ningún tema.

Ten la confianza que:
"Si has hecho una pequeña
cosa bien, también una más
grande la podrás hacer".

Storey

La vida está llena de graduaciones. En cada etapa o travesía, Dios ha planeado intersecciones donde pasaremos o fallaremos ante el examen que se nos presente. No solo Dios ha prometido grandes oportunidades cuando hemos probado ser fieles en las pequeñas cosas, sino que también adquirimos confianza cuando hemos tenido éxito con ellas. Recuerde la proyección del joven David de Israel: se graduó del oso, luego del león y finalmente venció al gigante.

Los sueños son las
piedras fundamentales de
nuestra personalidad.

Henry David Thoreau

Por todo el país, al conocer a líderes, disfruto al hacerles una pregunta: "¿Cuál es tu sueño?" Uno puede decir mucho de la personalidad de un hombre por la substancia y tamaño de sus sueños. Estos hablan sobre sus motivaciones, valores, propósitos y metas.

Lo más importante
de tener metas, es tener una.

Geoffrey F. Abert

Simplemente el poseer una meta te ubica en una posición más alta que la de la mayoría de tus pares. Recuerdo que J. C. Penney una vez dijo: "Muéstrame un empleado de depósito con una meta, y yo te mostraré un hombre que hará historia. Muéstrame un hombre sin una meta, y yo te mostraré un empleado de depósito". Las metas son las que marcan la diferencia entre soñar y hacer.

Algunas personas cambian
de trabajo, compañeros, amigos...
pero nunca piensan en cambiar
ellos mismos.

Vivimos en una generación consumida por los cambios exteriores. Hemos adoptado la idea que si tan solo podemos cambiar la gente, las circunstancias y el ambiente a nuestro alrededor, podemos solucionar nuestros problemas. Pero la mayoría de las veces, el tema está en nuestro interior. Dios no nos hace responsables por lo que nos sucede a nosotros, pero sí por lo que sucede dentro de nosotros.

Si usted ve una víbora,
simplemente mátela.
No designe un comité
sobre serpientes.

H. Ross Perot

Odio la burocracia, hay mucha innecesaria en tantas organizaciones. Estoy de acuerdo con Ross Perot cuando habla de las "víboras" de la vida. Si sabemos cuál es la meta, entonces podremos eliminar cualquier obstáculo que nos impida llegar. Con frecuencia, no necesitamos mayor investigación o discusión; simplemente nos escondemos tras ellas, porque parece una acción positiva. Busque la forma de solucionar los problemas en forma realista. La actividad no siempre es garantía de llegar a la meta.

Señor, cuando esté errada,
dame la disposición de cambiar;
cuando esté en lo cierto,
hazme fácil de llevar.
Dame fuerzas para que el poder
de mi ejemplo exceda ampliamente
la autoridad de mi rango.

Pauline H. Peters

Qué nota tan adecuada para concluir. Esta desgarradora petición me obliga, como líder, a ajustar tanto mi cabeza como mi corazón. Cuando llegue al final, quiero que la vida que he presentado ante los demás hable más alto que todos los diplomas, posiciones y títulos que pueda haber ganado. Después de todo, cuando mi viaje termine, quiero que mi liderazgo sea quien yo soy, no solamente lo que la descripción de tareas de mi puesto indica.

Sobre el autor

El Dr. John C. Maxwell fue el pastor principal de una de las iglesias más grandes de los Estados Unidos por 14 años. Es también conocido como motivador, alentador y preparador de líderes. Ha conducido seminarios de liderazgo por todo el mundo, y es el fundador y director de INJOY, Inc. Corporación, dedicada al desarrollo de líderes. Es el autor de numerosos libros, con más de medio millón de copias impresas.

"LA ÚNICA PERSONA QUE PUEDE IMPEDIR QUE LLEGUE A SER LO QUE DIOS QUIERE QUE USTED SEA... ES USTED!"

En un estilo ameno y conversacional, el Dr. John Maxwell señala las posibilidades que están dentro de cada uno de nosotros y luego ofrece sencillos planes para transformar estas posibilidades en   realidades. Sus métodos prácticos para una vida exitosa, probados en su propia vida y ministerio, lo ayudarán a ser todo lo que usted puede ser.

JOHN C. MAXWELL

SE TODO *lo que puedas ser*

UN DESAFÍO PARA ALCANZAR
TU MÁXIMO POTENCIAL

ENTREGA TODO LO QUE EL TÍTULO PROMETE, Y MUCHO MÁS. -ZIG ZIGLAR-

Peniel